ZWISCHEN CANON UND FANON

warum sich supernatural verändern musste

ZWISCHEN CANON UND FANON

warum sich supernatural verändern musste

von
Richard Potrykus

Der folgende Text enthält Spoiler.

INHALT

EINLEITUNG

Vielen kleineren und größeren Universen hängen Fangemeinschaften an und innerhalb dieser Gemeinschaften gibt es im Speziellen solche Fans, die sich nicht allein darauf beschränken, das jeweilige Universum zu rezipieren, zu konsumieren. Vielmehr suchen sie nach Anknüpfungspunkten, von denen aus sie selber aktiv werden können. Sie kommentieren die Inhalte des Universums, setzen sie grafisch um, schreiben weiterführende, kritisierende und/oder analytische Texte und vieles mehr. Sie beziehen sich dabei auf Details, gründen ihre Fanworks auf Dingen und Eigenschaften, die sie selber für wichtig halten und erweitern so das kanonische Universum um eine Vielzahl von Faktoren im sogenannten Fanon.

Der Theoretiker Henry Jenkins argumentiert, dass die Bearbeitung einer TV-Serie durch die Fans stets parallel zum Originalgegenstand verläuft[1] und dass dieses Original unberührt bleibt. Er argumentiert mit Michel De Certeau und der Passivität der Rezipierenden[2] und erstellt so ein Verhältnis zwischen Produktion und Rezeption, welches nur in eine Richtung wirkt, nämlich von den Produzierenden auf das Publikum, nicht aber in entgegengesetzter Richtung.
Sollten die Fans in einen Konflikt mit einer Serie geraten, können sie sich in ihren Fandom flüchten und dort ausleben.
Allein, sie können die Serie, also den Originalgegenstand, nicht ändern.

Im Folgenden möchte ich dieses Verhältnis auf die Probe stellen und analysieren, ob sich die Machtverhältnisse zwischen den beiden Parteien mittlerweile im Sinne einer Emanzipation des Publikums verändert haben. Ich werde mich dabei an der amerikanischen TV-Serie *Supernatural* orientieren und exemplarisch überprüfen, ob und in wie

---

[1] Jenkins, Henry, "Scribbling in the margins: Fan readers/Fan writers" in Textual Poachers. Television fans and participatory culture, New York Routledge 20th anniv. Ed. 2013, S. 152-177
[2] Jenkins, S. 154

weit aktiven Zuschauer*innen, also jene, die abseits des reinen Konsumierens Fanworks erstellen, Einfluss auf die Serie nehmen können.

Ferner soll gezeigt werden, dass *Supernatural* selber eine Art Fanwork ist.

SUPERNATURAL – what?

Bei *Supernatural* handelt es sich um eine Fernsehserie über zwei Monsterjäger. Im US-amerikanischen Fernsehen wurde sie erstmals zwischen 2005 und 2020 ausgestrahlt[3] und besteht aus fünfzehn Staffeln. Basis für die Handlung sind die Abenteuer der Brüder Sam (Jared Padelecki) und Dean Winchester (Jensen Ackles), deren Mutter, als sie noch Kinder waren, von einem Dämon ermordet worden war, weshalb sie in der Folge von ihrem Vater (Jeffrey Dean Morgan) zu Monsterjägern ausgebildet wurden.

Im Zuge des Heranwachsens distanzierte sich Sam von dem, wie es heißt, „Familienauftrag" und entschied sich stattdessen für ein Jurastudium. Als Dean das Verschwinden seines Vaters bemerkte, meldete er sich bei seinem Bruder und bat ihn um Hilfe bei der Suche. An dieser Stelle setzt die Serie an.

Konzeptuell ruht *Supernatural* dabei auf drei narrativen Pfeilern. Zum einen werden die Brüder in der Regel pro Episode mit einem neuen Monster („Monster of the week") konfrontiert, welches am Ende der jeweiligen Folge in die Flucht geschlagen bzw. vernichtet wird. Des Weiteren wird pro Staffel eine Art Hauptquest implementiert, welche es zu erfüllen gilt.[4] Der dritte Pfeiler stellt die Beziehung der Brüder zueinander dar. Beide wurden sie wider Willen in das Leben eines Monsterjägers hineingezogen. Dabei verkörpert Dean die Seite, die die Situation als gegeben akzeptiert und ihr bzw. dem Vater loyal zur Seite steht, während Sam sich dagegen sträubt. Er will keine Monster jagen. Stattdessen versucht er in die normale Welt zu flüchten und die Vergangenheit hinter sich zu lassen.

---

[3] Erstausstrahlung am 13.09.2005 auf The WB Television Network; seit der zweiten Staffel erfolgt die Ausstrahlung auf The CW Television Network

[4] Anfangs ist dies die Suche nach dem Vater, gefolgt von der Jagd auf den Dämon, der die Mutter ermordet hat, gefolgt von der Rettung Deans aus einem Vertrag mit einem Dämon, usw.

Wiederkehrend führt dies zu Spannungen zwischen den Brüdern, wohl aber auch zu Annäherungen, die ihrem Verhältnis und damit der Serie Tiefe verleihen.

Supernatural pendelt zwischen dem Fantastischen und dem Realdramatischen.
In ihrem Aufsatz über das Verhältnis zwischen der Serie und den Fans[5], verdeutlicht Laura E. Felschow die Tiefe der Beziehung zwischen den Brüdern und ihre Bedeutung für die Serie, insbesondere der Identifikation der Fans mit ihr. Auch sie unterscheidet zwischen Normalem und Abnormalem. Letzteres bezeichnet sie als „the Others". In Abschnitt [3.2] differenziert sie zwischen zwei Ebenen von Normal/Abnormal.

1. Normale Welt   vs.   Monster, Dämonen, etc.
2. Normale Gesellschaft   vs.   Monsterjäger

Sam und Dean befinden sich dabei auf beiden Seiten. Sie sind als Menschen Teile der normalen Welt und stehen den Monstern gegenüber. Gleichsam sind sie nicht Teile der normalen Gesellschaft, da ihr Lebenswandel und ihre Erziehung anders verlaufen sind.
In der Konsequenz führt dieser Zweispalt, auf einen Seite der normalen Welt zu entspringen, auf der anderen Seite nicht in ihr zu leben, dazu, dass Sam und Dean durch ihre Taten die Welt des Normalen mehr und mehr verlassen[6].
Sams Begehren, ein Leben ohne Monster zu führen, wird somit zu einem zentralen Punkt im Denken beider Brüder. Immer wieder müssen sie sich daran erinnern, dass sie Menschen sind und dass sie ihre Taten wohl zu bedenken haben.

---

[5] Felschow, Laura E., „Hey, check it out, there's actually fans": (Dis)empowerment and (mis)representation of cult fandom in 'Supernatural'", in Transformative Works and Cultures, no. 4, http://dx.doi.org/10.3983/twc.2010.0134 2010, 23.11.2016
[6] Felschow, [3.6]

Doch nicht nur das Menschliche wird in *Supernatural* verhandelt, sondern auch das Männliche.

Sam und Dean sind Männer und alles, was sie tun und die Art, wie sie mit Situationen umgehen, ist heterosexuell und maskulin konnotiert.

Schusswaffen, Alkohol und der Chevrolet Impala, ein Muscle Car, münden in der Unmöglichkeit, eine langfristige Beziehung zu einer Partnerin(!) aufbauen zu können.

Beziehungen zu Frauen werden entweder von Sexualität oder von Problemen beherrscht. Nicht zuletzt der omnipräsente Gebrauch des Wortes „bitch"[7] führt für Melissa Gray zu dem Schluss, dass es sich bei *Supernatural* um eine „extension of the old boys' club for the young and violent"[8] handelt. Felschow geht noch einen Schritt weiter und reduziert das oberflächliche Erscheinungsbild der Serie auf eine sehr eindimensionale Ebene.

> "Considering the show is predominantly focused on two
> white men who have thus far been presented as
> exclusively heterosexual and the show has been critized
> for its attitude toward both women and minorities…"[9]

Und obwohl *Supernatural* trotz dieser Ignoranz eine besondere Tiefe und facettenreiche Rezeptionsweise, auf die ich später zu sprechen komme, ermöglicht, bildet die Bereitschaft zu Gewalt, Chauvinismus und zweifelhaftem Heldentum einen Zugang zu der Serie, der mitunter als ausschlaggebend für den Erfolg derselben angesehen werden kann.

Felschow befasst sich in ihren Ausführungen näher mit den Ursprüngen von *Supernatural* im Vergleich zu anderen Serien wie etwa *Lost*[10]. Während bei *Lost* von Anfang an weitreichende medienkonvergente

---

[7] Gray, Melissa, „From canon to fanon and back again: The epic jouney of 'Supernatural' and its fans", in Transformative Works and Cultures, no. 4, http://dx.doi.org/103983/twc.2010.0146 2010, 23.11.2016 [8]

[8] Ebd.

[9] Felschow, [3.6]

[10] *Lost*, Erstausstrahlung am 22.09.2004 auf ABC

Marketingstrategien lanciert wurden, die eine Beteiligung der Zuschauerschaft bewirken sollten, wurde bei *Supernatural* darauf verzichtet. Abseits einer Auflistung der Episoden und deren Inhalten wurde den potentiellen Zuschauer*innen kaum etwas mit an die Hand gegeben.[11]

> ...the fans of ‚Supernatural' came to the show without a strong invitation to participate […] The program grew into a cult hit on its own steam.[12]

Dahinter verbirgt sich, dass die Zuschauer*innen, obwohl viele von ihnen als thematisch ausgeschlossen oder zumindest unterrepräsentiert gelten, dennoch ein wachsendes Interesse an der Serie gefunden haben,[13] wodurch sie zu Fans wurden.

Im Kern heißt dies, dass die Fans aus einem eigenen Antrieb heraus begannen, sich intensiv mit der Serie und ihren Fehlern auseinander zu setzen und zu eruieren, wie sie *Supernatural* zu etwas Besserem werden lassen könnten.

---

[11] Felschow, [5.2]

[12] Ebd.

[13] Sowohl Gray [8] als auch Felschow [3.6] schreiben davon, dass die Mehrheit der Fans weiblich ist.

14

EVOLUTION

Sich auf einen im Internet veröffentlichten offenen Brief an Erich Kripke[14] beziehend, schreibt Gray:

> „This demonstrates the fans' passion for Supernatural and their belief that it's something worth spending time and energy on –something more than mere entertainment."[15]

In der Tat scheint es so, als folgte die produzierende Seite der Serie dem Credo der Fans oder wenigstens einigen von ihnen.

Episode 4.18[16] kann dabei als Fixpunkt angesehen werden, an dem die Serie beginnt, sich zu wandeln und Trennung zwischen ihr und den Fans zu überwinden. In dieser Episode entdecken Sam und Dean eine Buchreihe mit dem Titel „Supernatural". In diesen Büchern stehen in Romanform detailliert alle Fälle, die die beiden Brüder bearbeitet und alle Situationen, die sie durchlebt haben, niedergeschrieben. Zudem erhalten sie Kenntnis von einem Fandom, das sich rund um die Bücher entsponnen hat.

Im Verlauf der Serie zeigt sich, dass sich das diegetische „Supernatural"-Fandom an dem non-diegetischen, realen Fandom orientiert, was sehr unterschiedlich rezipiert wurde und wird. So schreibt Gray über die Figur der Becky Rosen[17] (Emily Perkins), dass

---

[14] Johnson, Alaya Dawn, http://theangryblackwoman.com/2009/09/09/an-open-letter-to-eric-kripke/, 09.09.2009, 23.11.2016; In dem Brief, der als „fan letter" deklariert ist, beschwert sie sich bei Kripke, dem Erschaffer von *Supernatural*, über die mangelhafte (Re-)Präsentation von Afroamerikaner*innen und ruft dazu auf, den Figurenkanon entsprechend der US-amerikanischen Realität anzupassen, um so ein „richer, fuller, more completely-evoked America" zu zeigen. Gleichsam sollte die sexistische Repräsentation von Frauen zu Gunsten starker weiblicher Charaktere abgeändert werden.

[15] Gray, [9]

[16] „The Monster at the end of this book", Erstausstrahlung 02.04.2009

[17] 5.01 „Sympathy for the devil", Erstausstrahlung 10.09.2009, 5.09 „The real ghostbusters", Erstausstrahlung 12.09.2009, 7.08"Season seven, time for wedding", Erstausstrahlung 11.11.2011

viele Fans sie als „peinlich"[18] empfunden hätten, weil sie ein Extrem des Fandoms repräsentiere, was das allgemeine Bild eines Fans verzerre.

Sera Siege[19] (Keegan Connor Tracy) hingegen, die Verlegerin der diegetischen „Supernatural"-Bücher, war als angenehm empfunden worden. Da sie als intelligente Frau sehr wohl zwischen Fandom und einem Leben abseits dessen unterscheiden konnte, vermochten sich viele Fans mit ihr zu identifizieren.[20]

Mit den Figuren Demian (Devin Ratray) und Barnes (Ernie Grunwald), die wiederkehrend ab Episode 5.09 vorkommen, gehen die Macher*innen der Serie noch einen Schritt weiter.

Im realen Fandom werden in sogenannten Slash-Fictions unter anderem sexuelle Beziehungen zwischen Sam und Dean diskutiert. Als die beiden Brüder in Episode 4.18 bei Recherchen zu der diegetischen Buchreihe auf das gleiche Thema stoßen, reagieren sie verstört und abwehrend.

Dean:	There are Sam-girls and Dean-girls and what the hell is a Slash-fan?
Sam:	As in Sam Slash Dean – together.
Dean:	Like together together?
Sam:	Ya.
Dean:	They do know, we're brothers, right?
Sam:	Doesn't seem to matter.
Dean:	Oh, come on. That is… that's just sick.[21]

Eine Staffel später ist die Sachlage eine andere

Demian und Barnes sind ein homosexuellen Paar, welches ein diegetisches „Supernatural"-LARPing nutzt, um als Sam und Dean den eigenen Alltag aufzuwerten. Vordergründig nutzen die beiden das

---

[18] Gray, [17]
[19] 4.18
[20] Gray, [18]
[21] 4.18, 3'

LARP aus eskapistischen Motiven heraus, doch verbirgt sich dahinter eine andere Motivation, die auch in Episode 10.05[22] an einer vergleichbaren Stelle ausgesprochen wird, nämlich die Erforschung der eigenen Identität und der Akzeptanz des eigenen Ichs.

Am Ende von Episode 5.09 unterstellt Barnes Dean, dass er den Sinn von „Supernatural" nicht verstehe.

> Barnes: You're wrong, you know?
> Dean: Sorry?
> Barnes: About Supernatural. No offense, but I'm not sure, you get what the story's about.
> Dean: 's that so?
> Barnes: In real life he [deutet auf Demian] sells stereo equipment. I fix copiers. Our lives suck. But to be Sam and Dean, to wake up every morning and save the world and to have a brother, who would die for you; Who wouldn't want that?
> Dean: Maybe you got a point.[23]

Kurz darauf findet Dean heraus, dass Demian und Barnes mehr als schlichte Freunde, sondern Partner sind, doch anstatt sich angewidert abzuwenden, schaut er nur kurz irritiert und akzeptiert das Gegebene.

Die produzierende Seite von *Supernatural* bezieht hier klar Position und reagiert auf die Bedürfnisse der Fans. Zwar können Sam und Dean unmöglich eine Slash-Beziehung zueinander aufbauen und auch eine „Destiel"-Situation, also eine Slash-Konstellation aus Dean und dem Engel Castiel (Misha Collins), wird es nie geben. Die Figuren sind anders angelegt, was nicht zuletzt durch die humoristischen Reaktionen Sams in Episode 10.05 auf die Namensgebung für Dean/Castiel[24] belegt wird. Aber das breite narrative Spektrum, aus dem für *Supernatural*

---

22 Fan Fiction, Erstausstrahlung 11.11.2014
23 5.09, 36'
24 10.05, 14'

geschöpft werden kann, ermöglicht eine Implementierung des Diskurses durch die Erzählung einer Episode oder den Werdegang von Nebenfiguren.

Das Universum von *Supernatural* ist nicht limitiert. Dadurch, dass Sam und Dean Monsterjäger sind und nicht „nur" Vampir- oder Geisterjäger, können eine Vielzahl von Gegnern herangezogen werden.

Das Setting im Amerika unserer Zeit erlaubt die gleichzeitige Präsentation „normaler" Menschen [vgl. Gray: normal/die anderen] und des Tricksters (Richard Speight Jr.), der ganze Landstriche manipulieren kann und schafft die Möglichkeit, sogar das Genre und die Atmosphäre der Serie zu verändern.
In 4.05 „Monster Movie" (Erstausstrahlung 16.10.2008) verwenden die Macher*innen einen Shapeshifter (Todd Stashwick) als Monster und kreieren so eine Hommage an die Horrorfilme frühester Filmgeschichte.

Auf diese Art wird das Universum von *Supernatural* nie verändert im Sinne eines Ersetzens, sondern stets erweitert. Von daher spricht Gray von „evolution, not revolution"[25] und auch Felschow verwendet den Begriff der Evolution, wenn sie verdeutlichen möchte, dass sich die Serie zu einem „cult hit"[26] entwickelt hat.

---

[25] Gray, [2]
[26] Felschow, [3.7]

QUEERE LESART

Gray schreibt, dass Fans die Authentizität und Reichhaltigkeit des *Supernatural*-Universums wahrhaftig zu schätzen wüssten[27], und betrachtet die Reaktionen der Fans zu den Figuren Demian und Barnes als ein „positive portrayal of homosexuality"[28].

Felschow sieht in *Supernatural* allgemein eine mögliche queere Lesart und zieht eine Aussage Catherine Tosenbergers heran, nach der ein Monster-Narrativ allegorisch für etwas anderes, wie etwa Rasse oder Geschlecht, stehen kann[29]. Sie subsumiert dies unter ihrem Terminus des bereits angesprochenen „Anderen".

Judith Butler geht in ihren Ausführungen[30] dem Begriff „queer" auf den Grund. Auch dieser bedeutet per Definition „anders", unter anderem im Sinne von „seltsam", und wird distanzierend auf nicht-heterosexuelle Menschen angewandt, aber auch selbstreflexiv von der LGBTQIA+-Gemeinschaft gebraucht.

Es liegt also nahe, zu überlegen, ob beide Arten des Anderen allegorisch miteinander vereinbar sein könnten.

Bei der genaueren Betrachtung von Drag unterstellt Butler eine gewisse Melancholie das eigene Geschlecht betreffend.

> „…it seems useful to rethink the notion of gender-as-drag
> in terms of the analysis of gender melancholia."[31]

> "Gender is neither a purely psychic truth, […] nor is it
> reducible to a surface appearance."[32]

---

[27] Gray, [14]
[28] Gray, [19];
[29] Felschow, [3.6]
[30] Butler, Judith, "Critically queer" in Bodies that matter. On the discursive limits of 'sex', New York Routledge 1993, S. 223-242
[31] Butler, S. 234
[32] Ebd.

Gerade diese Sichtweise auf die Repräsentation von Geschlecht bildet so einen Zugang von Fans im Hinblick auf eine Bearbeitung von *Supernatural* mit Fokus auf Sexualität. Bei Butler geht es im Zusammenhang mit der Melancholie um eine Akzeptanz und Erfüllung bzw. eine Ignoranz der eigenen homosexuellen Seite. Ihr zufolge ist eine strikt heterosexuelle Person die melancholischste.[33]

Dies kann die große Verbreitung von Slash-Fiction erklären. Die vollkommene heterosexuelle Anlegung der Rollen von Sam und Dean, die ihren Fanwork-Gegenpart in „Wincest" findet.

Mit „Destiel" werden zudem nicht nur die Grenzen zwischen Mann, Frau und Geschwistern überschritten, sondern auch die zwischen Mensch und Engel. Die erotische Liebe zwischen Dean und Castiel spielt so mit dem Diskurs einer unerreichbaren Liebe, wie sie schon in den Minnegesängen des Mittelalters angelegt war, ein „Was wäre, wenn…"-Ansatz, der in eine Utopie mündet. Und tatsächlich fällt das Lieben Castiel schwer.

Der Engel Hannah ist Castiel schon früh verfallen, doch dieser reagiert trotz eigener Gefühle nur sehr verhalten auf ihre Annäherungsversuche. Als sie in Episode „Girls, Girls, Girls"[34] nackt vor ihm steht und noch immer nichts geschieht, abgesehen von einem Kuss auf die Wange, wählt Hannah für ihre nächste Erscheinung eine männliche Hülle[35], was ebenso erfolglos ist.

---

[33] Butler, S. 235
[34] 10.07, Erstausstrahlung 25.11.2014, 4'
[35] „Inside Man", Erstausstrahlung 01.04.2015

AUTOR*INNENSCHAFT

Um zu verstehen, wie sehr Fans und Macher*innen von *Supernatural* ineinander verflochten sind, sei nun ein genauerer Blick auf das Wesen von Fanfiction und den Begriff de*r Autor*in geworfen.

Nach Roland Barthes ist der Autor (die Autor*in) tot.[36] Was bleibt, sind Schreiber*innen.[37] Der wichtige Faktor beim Umgang mit Texten sind die Rezipierenden. Barthes sieht im Tod des Autors (der Autor*in) die die Geburt des Lesers[38] (der Leser*in) und überträgt ihm/ihr die Deutungshoheit.
Das Lesen und nicht länger das Schreiben bestimmt somit die Aussage eines Textes. Zudem wird für Barthes ein Text „aus vielfältigen Schriften zusammengesetzt"[39], die „miteinander in Dialog treten"[40].

Ähnlich ist es auch bei *Supernatural* der Fall. Durch die wöchentliche Wiederkehr und die unterschiedlichen Situationen, denen Sam und Dean ausgesetzt sind, verschmelzen die vielfältigen Eindrücke zu einem Gesamtbild. Verglichen mit Barthes, kann gesagt werden, dass die Fans als die Leser*innen der Episoden agieren und diese Woche für Woche interpretieren.
Dem gegenüber steht allerdings Henry Jenkins, der sich auf Michel de Certeau beruft.[41] De Certeau behauptet demnach, dass die Fernsehpublikum reine Empfänger*innen seien und dass die Medien trotz aller Selbstständigkeit der Rezipierenden die Kontrolle über die

---

[36] Barthes, Roland, „Der Tod des Autors" in Jannidis, Fotis, u. a. (Hg.), Texte zur Theorie der Autorschaft, Stuttgart Philipp Reclam Jr. 2000, S. 185-193, S. 193
[37] Anm.: Bei Barthes gibt es auch in der vorliegenden deutschen Übersetzung keine geschlechterspezifische Unterscheidung. Wenn also im Folgenden zwischen Autor und Autorin, zwischen Schreiber und Schreiberin, usw. unterschieden wird, dann sind dies Erweiterungen meinerseits, um einem zeitgemäßen Gender-Diskurs zu entsprechen.
[38] Barthes, S. 193
[39] Barthes, S. 192
[40] Ebd.
[41] Jenkins, S. 154f

Vorstellungskraft hätten.[42] Jenkins nimmt diesen Standpunkt zum Ausgang für seine Ausführungen, relativiert ihn aber in der Folge.

Laut ihm erschließen Fans erst das ganze Universum der Serie, die sie schauen[43], und schaffen so ihre eigenen Vorstellungen vom Wesen desselben.

Ihre Kritiken und Fanfictions können dabei zu Metatexten avancieren, die selber als neue Ausgangsbasis für weitere Fanworks fungieren können.[44]

Doch, auch wenn Jenkins gleich Foucault von „reader and writer"[45] schreibt, so bleibt am Ende die Alleinherrschaft der produzierenden Seite einer Serie unangetastet.

Fans verfügen nur über eskapistische Möglichkeiten der Partizipation parallel zum Original.

Indes können laut Juli J. Parrish Fantexte sehr wohl einen Einfluss ausüben, nämlich auf der Ebene der weiteren Rezeption. Sich auf das physikalische Konzept der Brownschen Bewegung berufend[46], beschreibt sie, dass auch kleine Veränderungen parallel zum primären Gegenstand, diesen auf gewisse Weise beeinflussen, nämlich, wenn auf die Kodierung und Dekodierung eines Textes eingegangen wird. Parrish nennt Stuart Hall[47], der sich eines Konzeptes von Karl Marx bedient, um den gesellschaftlichen Gebrauch von Texten zu diskutieren.[48]

---

[42] Ebd. „...the television viewer becomes 'pure receiver' [...]. The reader's increased autonomy does not protect him, for the media extend their power over his imagination..."

[43] Jenkins, S. 155 „...a progressive elaboration of the series ‚universe' "

[44] Ebd. „These fan stories build upon the assumptions of the fan meta-text, [...] beyond the status of criticism and interpretation;"

[45] Ebd.

[46] Parrish, Juli J., „Metaphors we read by: People, process, and fan fiction" in Transformative Works and Culture. No. 14, http://dx.doi.org/10.3983/twc.2013.0486 2013, 23.11.2016, [1.4]

[47] Parrish, [2.4]

[48] Hall, Stuart, „Kodieren/Dekodieren", in Adelmann, Ralf, u.a. (Hg.), Grundlagentexte zur Fernsehwissenschaft. Theorie – Geschichte – Analyse, Konstanz UVK Verlagsgesell. mbH 2001, S. 105-124

Marx (und damit auch Hall) schreibt von folgendem Kreislauf:
> Produktion -> Zirkulation -> Distribution ->
> Konsum -> Reproduktion[49]

Wichtig für Hall ist dabei, dass beim Übergang von Zirkulation zu Distribution eine Übersetzung „in gesellschaftliche Praktiken"[50] stattfindet.
Fanworks setzen genau da an. Der durch die Produktion entstehende Code wird beim Übergang von Konsum auf Reproduktion entschlüsselt. Fans nutzen Fanworks, um ihren Interpretationen des Codes Raum zu geben. Erlangt ein Fanwork genügend Strahlkraft, kann dies dazu führen, dass die Rezeption ab der Reproduktion eine andere ist.

Ein wichtiges Instrument für Fans, die sich via Fanfiction äußern, stellen die A/Ns, die so genannten Author's Notes, dar. Ursprünglich in der Funktion eines Disclaimers handelt es sich dabei nunmehr um Anmerkungen des Fans zur eigenen Fanfiction und womöglich den einzigen Teil des Textes, dessen Ursprünge vollständig beim Fan liegen, weshalb Alexandra Herzog A/Ns folgenden Stellenwert gibt:

> "it [A/Ns] occupies the liminal space between audience
> and fictional universe"[51].

A/Ns nehmen demnach eine besondere und entscheidende Rolle ein. Sie verbinden den Originalgegenstand mit den Rezipierenden. Dabei ist die durch das Narrative der Geschichte vermittelte Illusion nur vordergründig. Vielmehr machen A/Ns transparent, dass es sich bei der Fanfiction um eine solche handelt.

---

[49] Hall, S. 105
[50] Hall, S. 106
[51] Herzog, Alexandra, „'But this is my story and this is how I wanted to write it': Author's notes as a fannish claim for power in fan fiction writing" in Transformative Works and Cultures. No. 11, http://dx.doi.org/10.3983/twc.2012.0406 2012, 23.11.2016 [1.2]

Jenkins' Auflistung der möglichen Techniken/Anknüpfungspunkte für Fans, um eine Fanfiction zu schreiben,[52] berücksichtigend, wird erkennbar, dass Fans keine Absichten haben, die Künstlichkeit ihrer Texte zu verschleiern.

Zudem schreibt Parrish, dass "[t]he writing and circulating of slash fiction […] a subversive cultural act"[53] ist. Prägnanter wäre es gewesen, hätte sie von *openly subversive* geschrieben, da gerade Slash-Fictions große und vor allem offensichtliche Untschiede zum Originaltext aufweisen.
Andererseits verwendet sie die Slash-Fiction beispielhaft. Das bezeichnende Kernattribut der Subversion ist dennoch allgemein für alle Formen von Fanwork gültig. Als Ausdruck der Interpretation, des Ge- und/oder Missfallens dienen Fanfictions dazu, die Alleinherrschaft über die Aussage eines Textes der Autor*innen des Originals zu unterwandern und zu brechen.

Die persönlichen Anmerkungen des Fans sind dabei Dreh- und Angelpunkt. Sie verdeutlichen, so Herzog, die Spannung zwischen „empowerment as fan writers and disempowerment of their audience"[54] und vereinen somit die Wiedergeburt der Autor*in durch den oder die Leser*in, aufbauend auf der Theorie Barthes, mit der Ohnmacht der Rezipierenden, wie sie von De Certeau begriffen wird.

Durch Fanworks wandeln sich Fans von Rezipierenden zu Produzierenden.

> I thus claim that all these paratextual comments share one important common characteristic in constituting the authority of the fan fiction they frame. […] they use this framework to engage in communal writing, declare the

---

[52] Jenkins, S. 162-176; Recontextualization, Refocalization, etc.
[53] Parrish, [3.4]
[54] Herzog, [1.4]

original author dead, or resurrect the author in attributing
themselves with an authorial grab for authority.[55]

Daraus folgt, dass sich die Macher*innen einer Serie wie *Supernatural* zwangsläufig an Fanworks orientieren müssen, um nicht Gefahr zu laufen, an Relevanz und ggf. an Existenzberechtigung einzubüßen.

---

[55] Herzog, [2.11]

EPISODE 200

Während sich die beiden bereits erwähnten Episoden 4.18 und 5.09 zwar inhaltlich mit dem Verhältnis zwischen Fandom und der Serie auseinandersetzen, stehen doch die jeweiligen Monster nach wie vor im Vordergrund. Anders verhält es sich mit der bereits angeteasten Episode 10.05, in der die Gegenwart von Monstern absolut zweitrangig ist. Zwar wird der Jagd auf die Gegner viel Zeit gewidmet, aber in diesem Fall darf angenommen werden, dass das Monster hier ein Paradebeispiel für einen MacGuffin ist und allein dazu dient, ein gewisses Maß an Spannung und Action zu inkludieren. Dies wird vor allem deutlich, wenn berücksichtigt wird, dass niemand den Monstern ernsthaft zum Opfer fällt. Selbst die anfangs entführte Lehrerin stirbt nicht.

In „Fan Fiction" untersuchen Sam und Dean das Verschwinden der Lehrerin Mrs. Chandler (Alberta Mayne) an einer Schule. Als sie am Tatort eintreffen, stellen sie fest, dass ein Musical, basierend auf den diegetischen „Supernatural"-Büchern, inszeniert wird und die Proben in vollem Gang sind. Zur Überraschung der beiden Brüder, besteht das Ensemble allein aus Schülerinnen.
Im Verlauf der Episode zeichnen sich zwei Handlungsstränge ab. Zum einen wird Sams Suche nach dem Monster Kalliope (Hanna Levien), der Muse der epischen Dichtung aus der antiken griechischen Mythologie, erzählt, zum anderen Deans Auseinandersetzung mit dem Musical und damit mit dem diegetischen „Supernatural"-Fandom. Die Gefahr besteht darin, dass Kalliope die Regisseurin und Autorin des Musicals, Marie (Katie Sarife), auserwählt hat. Sie will ihr zur Seite stehen und sie beschützen, bis zum Ende der Aufführung des Musicals. Im Anschluss daran will sie das Mädchen umbringen. Sam und Dean erkennen, dass die Aufführung, um an die Muse zu gelangen und sie zu vernichten, nicht abgebrochen werden darf.
Neben Kalliope selbst, findet sich noch eine weitere Bedrohung in einer Vogelscheuche, die von der Muse zum Leben erweckt worden ist. Diese

beruht auf einer Requisite für das Musical und einer Angst, die Marie bereits zu Kinderzeiten entwickelt hatte.[56]

Während der Aufführung kommt es daher zu zwei zeitgleichen Kämpfen, die in der parallelen Vernichtung beider Gefahren gipfeln.

Am Ende der Episode, nachdem Sam und Dean sich verabschiedet und den Ort wieder verlassen haben, tritt Chuck Shurley (Rob Benedict), der Autor der diegetischen „Supernatural"-Bücher, auf, und bringt Marie seine Anerkennung zu dem Musical zum Ausdruck.

In der Episode wird erklärt, dass die Handlung des Musicals ein Fanwork ist, welches auf einer Fanfiction beruht, die Marie selber geschrieben hat.[57] Sie hatte sich dazu gezwungen gefühlt, da sie mit dem Ende der Buchreihe nicht einverstanden war. Um zu ihrem Wunschergebnis zu gelangen, hat sie neben der alternativen Handlung und der Tatsache, dass es keine geschriebene prosaische Geschichte ist, sondern ein Musical, zudem das Genre angepasst und durch Raumschiffe und einen Roboter auf Science Fiction ausgeweitet, ganz im Sinne von Jenkins' Techniken „Expanding the Series Timeline"[58] und „Genre Shifting"[59]. Ferner sind, wie bereits erwähnt, alle beteiligten Schauspielenden weiblich, was zu den genannten Zugängen noch eine Art von „Refocalization"[60] und „Eroticization"[61] (in Bezug auf einen Slash-Diskurs) hinzufügt.

Die Reduktion auf das weibliche Geschlecht hinterfragt ferner die strikt männlichen Konnotationen der Serie, was zu einer „Emotional Intensification"[62] führt. Es ist Maries Bestreben, durch ihr Fanwork den Subtext der diegetischen Buchreihe zu ergründen und zu portraitieren. Wie bereits erwähnt, erheben Fanworks nicht den Anspruch der Illusion, sondern provozieren den Konflikt mit dem Original durch Künstlichkeit. Das Musical beginnt mit einem Prolog und dem Lied

---

56 10.05, 18'-19' 15
57 10.05, 11'-12'
58 Jenkins, S. 163ff
59 Jenkins, S. 169f
60 Jenkins, S. 165ff
61 Jenkins, S. 175f
62 Jenkins, S. 174f

„The road so far".[63] Eine derartige Zusammenfassung des bereits Geschehenen findet sich auch in der Serie, jeweils zu Beginn der letzten Episode einer Staffel. Szenisch erinnert die Inszenierung des Musicals dabei an den Prolog der Episoden aus der ersten Staffel. Darin wird berichtet/gezeigt, dass die Mutter von Sam und Dean an der Zimmerdecke in Flammen aufgeht. Im Musical wird dies kopiert. Auch die Einflechtung[64] von *Carry on my wayward son*[65], greift Elemente der TV-Serie auf. Das Lied dient als musikalische Untermalung der Zusammenfassung zu Beginn der jeweils letzten Episode.

In zahlreichen Episoden der Serie sitzen Sam und Dean im Auto und streiten/diskutieren über ihre Situation und ihr Verhältnis zueinander. Im Musical ist diesem Element eine ganze Szene gewidmet.[66] Unter dem Arbeitstitel der „BM-Scene", was für „boy melodrama" steht und von Sam und Dean konsequent missinterpretiert wird[67], findet sich im Musical die Situation wieder, in der die Musical-Brüder ihre Situation reflektieren und sich mit ihrer Welt des Anderen/des Anders Seins, in der sie leben, auseinandersetzen. Währenddessen unterbrechen Sam und Dean die Jagd nach den Monstern und stehen zuhörend am Bühnenrand. Gleiches gilt für das Solo, welches Musical-Sam über seinen Bruder singt.[68] Dean steht erneut am Bühnenrand und hört zu.

Die produzierende Seite von *Supernatural* nutzt Episode 10.05 intensiv, um über sich selbst bzw. die Serie nachzudenken. Sie vermischen sowohl auf ernste als auch auf humoristische Weise Elemente der diegetischen Bücherreihe mit extradiegetischen Elementen der TV-Serie und schaffen so die Künstlichkeit und Transparenz eines Fanworks. Die Einblendung des Serientitels nach der Eröffnungssequenz[69] zum Beispiel, die an eine billige Revue erinnert, (zurecht) von Marie kritisiert

---

[63] 10.5, 27'-30'
[64] 10.5, 38'-39'
[65] Kansas, *Carry on my wayward son*, geschrieben von Kerry Livgren 1976
[66] 10.05, 37'-38'
[67] 10.05, 9' u. 37'
[68] 10.05, 32'-34'
[69] 10.05, 2'

und dann durch die schnelle Aneinanderreihung einiger außerordentlicher Titelanimationen vergangener Episoden durch die Macher*innen kommentiert und ersetzt wird, ist dabei stark der humoristischen Reflexion zuzuordnen. Schon früh in der Episode wird so darauf verwiesen, dass „Fan Fiction" keine reguläre Folge ist. Es wird hier auch kein Bezug auf die übergeordnete Quest der zehnten Staffel, nämlich der Entfernung des Kainsmals von Dean genommen. Durch die Auslassung all dessen, was drum herum geschieht, wirkt die Episode selbst wie ein Fanwork, dass aus dem Canon herausgenommen wurde bzw. nie Teil desselben gewesen ist. Humoristisch ist auch die Konfrontation mit der Schauspielerin von Musical-Bobby, die während einer Probenpause Bobbys Catchphrase „Idiots" übt.[70]

Ein ernsterer Zugang zu der Thematik findet sich indes über die Szenen, in denen gesungen wird. Das bereits angesprochene Solo von Musical-Sam ist dabei zentral. Zu erwähnen ist vor allem, dass Musical-Sam während der Aufführung von Marie gespielt wird, nachdem die Erstbesetzung Maggie die Produktion verlassen hat.

In der Diskussion über Canon und Fanon sind in „Fan Fiction" Figuren auszumachen, die einzelne Positionen des Für und Wider von Fanworks vertreten. Maggie stellt dabei deutlich die konservative und reaktionäre Verfechterin des Originaltextes dar. Während des Streits mit Marie statuiert sie:

> I told you before. If it's not canon, it shouldn't
> be in the show.[71]

Dies repräsentiert allerdings in keiner Weise die Ansichten der Macher*innen der Serie. Maggies Ausspruch findet keine weitere Beachtung. Im Gegenteil. Als Kommentar darauf wird sie unmittelbar danach von der Vogelscheuche entführt. Die Macher*innen zeigen so

---

[70] 10.05, 5'
[71] 10.05, 15'

ihre Verbundenheit mit den Fans von *Supernatural* und sprechen sich deutlich gegen eine Ablehnung von Fanon aus.

Marie bildet von Anfang an den Kontaktpunkt Deans zur Musical-Produktion und damit zum diegetischen Fandom. Als Maggie die Gruppe verlässt, übernimmt sie die Rolle des Musical-Sams und wird dadurch zu Deans Musical-Bruder.[72] Wann immer ein Moment gekommen ist, an dem es für Dean problematisch ist, den diegetischen Fanon und sein eigenes Leben (den Originaltext) in Einklang zu bringen, hinterfragt er bei Marie die Situation.

> Dean: There's no space in „Supernatural".
> Marie: Well, canonically, no. But this is transformative fiction.
> Dean: You mean, fan fiction.[73]

Dean zeigt sich dabei offen für die Ideen, die Marie erdacht hat. Selbst als sie ihm von dem Verlauf ihrer Fanfiction erzählt und auflistet, dass es neben Robotern und Raumschiffen auch Ninjas und eine Verwandlung Deans in eine Frau gibt, bleibt er ruhig. Er versucht zwar, Marie von der wahren Geschichte von Sam und Dean, die sich an die diegetische Buchreihe anschließt, zu überzeugen[74], aber beharrt nicht auf seinem Standpunkt. Maries Kommentar, Deans Geschichte sei die schlimmste Fanfiction, die sie je gehört habe[75], bleibt unerwidert. Die Macher*innen von *Supernatural* bringen damit durch Dean zum Ausdruck, dass sie zwar ihren Canon haben, zu dem sie auch stehen, dass sie ihn aber nicht als die ultimative Wahrheit über alles stellen. Im Gegenteil bedarf es sogar des Fandoms, um Kalliope und die Vogelscheuche zu besiegen.

---

[72] 10.05, 25'
[73] 10.05, 11'
[74] 10.05, 11'-12'
[75] 10.05, 12'

Melissa Gray stellte schon für die Episoden 4.18 und 5.09 fest, dass die Fans der diegetischen „Supernatural"-Bücher eine wichtige Rolle in der jeweiligen Episode in Bezug auf die erfolgreiche Lösung des Problems übernehmen.[76] In 10.05 ist es sogar Marie, also ein Fan, die die Vogelscheuche tötet. Genau genommen wäre alles ab der Episode 4.18 ohne Fans unmöglich.

Die diegetische „Supernatural"-Buchreihe wird im weiteren Verlauf der Serie als das „Winchester-Evangelium" bezeichnet. Abgesehen von der Einführung des Engels Castiel in Episode 4.01[77] wird erst durch sie die Welt in *Supernatural* um das Reich des Himmels erweitert.

In „Fan Fiction" wird die Jagd Deans nach den beiden Monstern für die Dauer der Lieder während der Aufführung weitestgehend unterbrochen. Dies sind die beiden Stücke, die Dean und die sowohl im diegetischen als auch im realen Fandom ausgearbeiteten Shippings „Wincest" und „Destiel" zum Thema haben.

Natürlich ist Dean gegen „Wincest". Wie bereits erwähnt, ist die Figur weder homosexuell noch inzestuös angelegt und auch in Episode 10.05 fühlt er sich unwohl, als Musical-Dean und Musical-Sam (Maggie) zu nah beieinander stehen, und fordert von den beiden, Abstand zu halten.[78]

Auch eine homoerotische Liebesbeziehung zwischen Dean und Castiel wird es trotz der innigen Zuneigung, die beide für einander empfinden, nie geben. Dennoch ist Dean (und sind damit die Macher*innen der Serie) liberaler, man könnte sagen, reifer geworden. Kurz bevor sich Dean von Marie verabschiedet, wendet er sich in einer Conclusio an sie.

Dean: You know, this has been educational to have
         seen the story from your perspective.
         You keep writing, Shakespeare.[79]

---

[76] Gray, [20]
[77] "Lazarus Rising", Erstausstrahlung 18.09.2008
[78] 10.05, 9'
[79] 10.05, 36'

Die Macher*innen der Serie wenden sich hier an den gesamten Fandom von *Supernatural.*

Sie haben verstanden, worum es den Fans geht und fordern sie auf, ihre Inspirationen und Interpretationen nicht zurückzuhalten. Die Titulierung Maries als „Shakespeare", dem wohl berühmtesten Dichter in englischer Sprache, gleicht dabei einem Ritterschlag. Als Dean am Schluss ein "Bitch" auf Maries freundschaftliche Provokation "Jerk" hin herausrutscht[80], realisiert er umgehend seinen Fehler und quittiert ihn mit einem schuldbewussten Blick.

---

[80] 10.05, 37'

VON FANS FÜR FANS

Ich möchte noch einmal auf die von Gray angesprochenen Attribute der Authentizität und der Reichhaltigkeit zurückkommen, durch die es möglich ist, eine Vielzahl unterschiedlicher Narrative ins *Supernatural*-Universum zu inkludieren und sie mit Jenkins' Technik der „Refocalization" in Zusammenhang bringen.

Jenkins zufolge kann durch die neuerliche Fokussierung in der Fanfiction weg vom Hauptgegenstand hin zu etwas oder jemand sekundären eine neue Basis für weitere Fanworks gebildet werden. Jenkins nennt *Roving Reporter*[81] als Beispiel. In dieser TV-Serie geht es um die Abenteuer von Sarah Jane Smith, einer Figur aus BBC-TV-Serie *Doctor Who*[82], die hier ins Zentrum rückt, wodurch Fans angespornt werden, Fanfictions speziell über sie zu schreiben.

An dieser Stelle möchte ich zwei weitere von Jenkins' Techniken („Character Dislocation"[83] und „Personalization"[84]) hinzunehmen und unterstellen, dass es sich bei *Supernatural* weniger um eine lineare TV-Serie handelt und vielmehr selber um ein Fanwork.

Nach Jenkins können, wie bereits erwähnt, Fanworks neue Fanworks bedingen und nach Parrish kann ein Werk ein anderes beeinflussen. Zudem sind Fanworks Ausdruck der Sichtweisen und Interpretationen von Fans und von daher stets transparent als solche zu erkennen. In *Supernatural* sind all diese Punkte vertreten. Die Macher*innen der Serie beschränken sich, wie bereits ausgeführt, nicht alleine auf ihre Sichtweisen, sondern inkludieren die Belange der Fans. Auch schreiben sie sich selber in die Serie mit hinein. Chuck Shurley zum Beispiel verfasst unter dem Pseudonym Carver Edlund die diegetische „Supernatural"-Buchreihe. Caver Edlund ist ein Zusammenschluss aus Jeremy Carver und Ben Edlund, zwei Autoren der Serie.

---

[81] Jenkins, S. 166f
[82] *Doctor Who,* GB seit 1963
[83] Jenkins, S. 171
[84] Jenkins, S. 171f

In Episode 6.15[85] geraten die beiden Brüder in eine parallele (unsere) Welt, in der sie nicht länger Sam und Dean Winchester sind, sondern Jared Padelecki und Jensen Ackles heißen und die Hauptdarsteller einer TV-Serie namens „Supernatural" sind. Am Set treffen sie auf mehrere Personen, die nicht nur wie die Macher*innen heißen, sondern zudem von ihnen gespielt werden. Auch echte private Details wie die Ehe Jared Padeleckis mit Genevieve Padelecki, der Darstellerin der Dämonin Ruby, werden mit eingebracht.

Eine andere Art der Transparenz sind die unzähligen populärkulturellen Referenzen
Fast immer benutzen die beiden Brüder Alibinamen, wenn sie in eine Stadt oder ein Dorf kommen, um dort zu ermitteln. Dabei greifen sie meistens auf die Namen von Rockmusikern zurück. Bereits in Episode 1.04[86] nennt sich Dean Dr. James Hetfield und verweist damit auf den Sänger der Heavy Metal Band *Metallica*. In Episode 4.05 wählen sie die Namen Angus und Young (Angus Young ist Gitarrist bei *AC/DC*) und in Episode 1.10[87] wählt Dean sogar Nigel Tufnel als Alias und verweist damit auf die fiktive Band *Spinal Tap*.
Als Extension dieses Running Gags erhalten Episodentitel populärkulturelle Referenzen. Beispiele sind: „The usual suspects"[88] in Anlehnung an den gleichnamigen Film von 1995, „The magnificient Seven"[89], entsprechend dem gleichnamigen Western von 1960[90], „The curious case of Dean Winchester"[91], eine Anspielung auf *The curious case of Benjamin Button*[92] von 2008, „Folsom Prison Blues"[93], gleichnamiges Lied von Johnny Cash, „Dream a little dream of me"[94], gleichnamiges

---

[85] „The french mistake", Erstausstrahlung 25.02.2011
[86] „Phantom Traveller", Erstausstrahlung 04.10.2005
[87] „Asylum", Erstausstrahlung 22.10.2005
[88] 2.07, Erstausstrahlung 09.11.2006
[89] 3.01, Erstausstrahlung 04.10.2007
[90] *The Magnificent Seven*, US 1960, R: John Sturges
[91] 5.07, Erstausstrahlung 29.19.2009
[92] *The Curious Case of Benjamin Button*, US 2008, R: David Fincher
[93] 2.19, Erstausstrahlung 26.04.2007
[94] 3.10, Erstausstrahlung 07.02.2008

34

Lied von Ella Fitzgerald, oder auch „Sympathy for the devil"[95], gleichnamiges Lied von The Rolling Stones.

In Episode 2.07 wird diese Art von Anspielung sogar in die Handlung integriert. Als Nebendarstellerin ist hier Linda Blair als Det. Diane Ballard zu sehen. Die Schauspielerin ist vor allem für ihre Rolle der Reagan im Film *The Exorcist*[96] berühmt, in der sie ein vom Teufel besessenes Mädchen spielt. In einer Szene im Film speit sie eine grüne Flüssigkeit, die in Farbe und Konsistenz an Erbsensuppe erinnert. Am Ende der Episode, nachdem sich die beiden Brüder von Det. Ballard verabschiedet haben, kommt es zwischen Sam und Dean zu folgendem Dialog:

Dean:	Did she look familiar to you?
Sam:	No. Why?
Dean:	I don't know. Anyway, you hungry?
Sam:	No.
Dean:	Man, for some reason, I could really go for some pea soup.[97]

Als Hommage ist an dieser Stelle ein direkter Bezug zum Film genommen worden. Dass Linda Blair in der Episode Det. Ballard spielt, ist natürlich nicht als Jenkinssche „Character Dislocation" zu sehen, wohl aber verdeutlicht die weitere Bezugnahme darauf die angestrebte Transparenz und den Kontakt zu den Fans.

Ein anderes und zudem aktuelleres Beispiel greift eine Figurenkonstellation aus der TV-Serie *Buffy the vampire slayer*[98] auf. Darin gibt es eine Hassliebe zwischen Cordelia Chase (Charisma Carpenter) und dem Vampir Spike (James Masters).

---

[95] 5.01, Erstausstrahlung 10.09.2009

[96] *The Exorcist*, US 1973, R: William Friedkin

[97] 2.07, 41'

[98] *Buffy the vampire slayer*, US 1997-2003, C: Joss Whedon

In der *Supernatural*-Episode „Shut up, Dr. Phil"[99] mimen die Schauspielerin und der Schauspieler das streitsüchtige Hexenehepaar Stark.

All diese Beispiele zeigen, wie sehr sich die Serie ihrer selbst bewusst ist. Die beinahe omnipräsenten Referenzen machen aus *Supernatural* einerseits eine Art Wimmelbild, in dem es immerzu neue Dinge zu entdecken gibt, und kommunizieren andererseits die eigene Künstlichkeit.

Gerade ist in der Kinolandschaft die Idee des Multiversums präsent und mit ihr die Vorstellung, dass alles miteinander verschmolzen werden kann.
Die Macher*innen von *Supernatural* gehen einen ähnlichen Weg, wenn sie sich bei real existierenden Personen bedienen oder fiktive Welten wie Oz[100] in die Serie integrieren und knüpfen formalästhetisch an Felschows eingangs behandelte inhaltliche Dualität des Anderen an.

---

[99] 7.05, Erstausstrahlung 21.10.2011
[100] 9.04, Erstausstrahlung 29.10.2013

SCHLUSSBEMERKUNG

Mit meinen Ausführungen habe ich versucht, nachzuweisen, dass es zum einen keine klare Trennung zwischen der produzierenden Seite und der rezipierenden Seite gibt und dass Fandoms eine ernstzunehmende Instanz darstellen können. Die nach und nach aufgebaute innige Verbundenheit zwischen den Machern*innen von *Supernatural* mit den Fans hat aus der Serie ein Produkt gemacht, welches ohne die aktiven Fans nicht mehr existieren kann. Beide Seiten befinden sich in einem steten Wechsel zwischen Geben und Nehmen und gerade die Beschränktheit der Figuren Sam und Dean in Bezug auf ihren Umgang mit Sexualität fordert und fördert die Fans in ihrer Schaffenskraft ein ums andere Mal. Im Gegenzug dazu greifen die Macher*innen die Fanworks auf und inkludieren sie wieder in das durch den Facettenreichtum wahrscheinlich unerschöpfliche Universum der Serie. Kombiniert mit den eigenen Ideen der Macher*innen abseits der reinen Erzählung der Abenteuer und dem Potential, nahezu jedwede Art von Plot plausibel in den Canon integrieren zu können, ist mit *Supernatural* ein Archiv geschaffen worden, dass die Brücke zwischen originalem, durch Produzenten*innen kontrolliertem, Primärtext und subtextbezogenem Fanwork gekonnt geschlagen und gefestigt hat.

LITERATURVERZEICHNIS

Barthes, Roland, „Der Tod des Autors" in Jannidis, Fotis, u. a. (Hg.), *Texte zur Theorie der Autorschaft*, Stuttgart Philipp Reclam Jr. 2000, S. 185-193

Butler, Judith, "Critically Queer" in *Bodies that matter. On the discursive limits of 'sex'*, New York Routledge 1993

Hall, Stuart, „Kodieren/Dekodieren", in Adelmann, Ralf, u.a. (Hg.), *Grundlagentexte zur Fernsehwissenschaft. Theorie – Geschichte – Analyse*, Konstanz UVK Verlagsgesellschaft mbH 2001, S. 105-124

Jenkins, Henry, "Scribbling in the margins: Fan readers/Fan writers" in *Textual Poachers. Television fans and participatory culture*, New York Routledge 20th anniv. Ed. 2013, S. 152-177

Felschow, Laura E., „Hey, check it out, there's actually fans": (Dis)empowerment and (mis)representation of cult fandom in 'Supernatural'", in *Transformative Works and Cultures, no. 4*, http://dx.doi.org/10.3983/twc.2010.0134 2010, 23.11.2016

Gray, Melissa, „From canon to fanon and back again: The epic jouney of 'Supernatural' and its fans", in *Transformative Works and Cultures, no. 4*, http://dx.doi.org/103983/twc.2010.0146 2010, 23.11.2016

Herzog, Alexandra, „'But this is my story and this is how I wanted to write it': Author's notes as a fannish claim for power in fan fiction writing" in *Transoformative Works and Cultures. No. 11*, http://dx.doi.org/10.3983/twc.2012.0406 2012, 23.11.2016

Johnson, Alaya Dawn, http://theangryblackwoman.com/2009/09/09/an-openletter-to-eric-kripke/, 09.09.2009, 23.11.2016

Parrish, Juli J., „Metaphors we read by: People, process, and fan fiction"
in *Transformative Works and Culture. No. 14*
http://dx.doi.org/10.3983/twc.2013.0486 2013, 23.11.2016

Buffy the vampire slayer, US 1997-2003, C: Joss Whedon

Supernatural, US 2005-2020, C: Eric Kripke

The Exorcist, US 1973, R: William Friedkin